अकलमंद गधा

मधु पंत

चित्रांकन
भूपेन्द्र कुमार

रूपांकन
सरस्वती

The kid books

अकलमंद गधा

द किड बुक्स से प्रथम संस्करण - दिसम्बर, 2025

ISBN : 978-93-48497-36-9

प्रकाशक : **अनबाउंड स्क्रिप्ट**
2/41, अंसारी रोड
दरियागंज, दिल्ली - 110002
वेबसाइट : www.unboundscript.com
ई-मेल : books@unboundscript.com
फोन नं. : 011-35807601

AKALMAND GADHA
by Madhu Pant

Illustrated *by* Bhupendra Kumar

Designed *by* Saraswati

मुद्रक : विकास कंप्यूटर एंड प्रिंटर्स
गाजियाबाद, उ. प्र.

मूल्य : ₹ 175/-

नन्हे साथियो,

यह कहानी एक गधे की है, जो अकलमंद बनना चाहता था। वह लोगों के ताने और उलाहने सुन-सुनकर दुःखी हो गया था। उसकी इच्छा थी लोग उसे भी बुद्धिमान कहें और उसको भी अकलमंद के रूप में पहचाना जाए। उसने कोशिश की और उसे अपनी मनोकामना पूरी करने का मौका भी मिल गया। पर क्या वह सचमुच में अपनी मंशा पूरी कर पाया? यह तो तभी पता लगेगा जब आप यह किताब पढ़ेंगे। तो झटपट पढ़ डालिए।

आपको यह जानकर अच्छा लगेगा कि पुस्तक का चित्रांकन आप ही जैसे बच्चों ने एक कार्यशाला में किया था। उन सभी का धन्यवाद।

मधु पंत

भोंदू गधा अपने नाम के अनुसार ही भोंदू था। कोई उसे बुद्धू कहता तो कोई बेवकूफ। कोई अकल का दुश्मन कहता तो कोई पूछता- दिमाग में भूसा भरा है क्या? भोंदू बड़ा दुःखी रहता था। वह सोचता कि काश! वह भी अकलमन्द कहलाता।

एक दिन वह उदास खड़ा था तभी उसे अपने दादा की याद आयी। उसके दादा शहर में बोझा ढोने का काम कर चुके थे। उन्होंने उसे गुफा में तपस्या करके वरदान पाने की एक कहानी सुनायी थी।

उसने सोचा कि क्यों न प्रार्थना कर के भगवान से अकलमंदी का वरदान माँग ले?

फिर क्या था! **भोंदू गधा** एक गुफा के भीतर अपने पिछले पैरों के बल पर खड़ा हो गया। वह आगे के दोनों पैरों को उठाकर गर्दभ-सुर में भगवान से प्रार्थना करने लगा। इस अनोखे भक्त की अनोखी प्रार्थना से भगवान का मन खुश हो गया। भगवान ने कहा-

"तुम्हारी प्रार्थना से मैं खुश हुआ। बोलो, तुम्हें क्या चाहिए?

राज-पाट ?...

धन-दौलत ?...

पत्नी ? बच्चे ?...

राजमहल ?...

ढेर सारा भोजन ?...

या मोटर कार ?....

तुम जो चाहो वही मिलेगा।"

भोंदू गधे ने जब यह सुना कि वह कुछ भी पा सकता है, तो भूल गया कि वह अकलमंद बनना चाहता था। वह फौरन बोल उठा- "यदि ऐसा है तो आप मुझे जंगल का राजा बना दीजिए।"

"ऐसा ही होगा!" कहकर भगवान अंतर्धान हो गये।

जैसे ही वह गुफा से बाहर निकला हर ओर उसे जिन्दाबाद के नारे सुनाई पड़ने लगे।

पहले तो उसे लगा कि उसके कान बज रहे हैं पर तभी कई जानवरों ने उसे कंधे पर उठा लिया।

उसे उस स्थान पर पहुँचाया गया जहाँ जंगल का राजा शेर बैठता था। यह देखकर गधे की खुशी का ठिकाना न रहा। उसका मन कर रहा था कि वह खुश होकर धूल में लोट लगाए और गर्दभ-सुर में गाए। लेकिन किसी तरह उसने खुद को रोक लिया।

"महाराज! यह आपका सिंहासन है," चतुर लोमड़ी ऊँची चट्टान की ओर इशारा करके बोली, "जिसपर अब तक शेर बैठता था।"

"महाराज आप सिंहासन पर बैठिए! प्रजा आपका स्वागत करने को उत्सुक है," सबने कहा।

पर **गधा** या तो खड़ा रह सकता था या ज़मीन पर लोट लगा सकता था, वह बैठ तो सकता नहीं था।

लेकिन मुझे क्या? राजा तो कुछ भी कर सकता है, भोंदू ने मन ही मन सोचा।

वह सिंहासन पर खड़ा हो गया और बोला, "मैं सिंहासन पर बैठूँगा नहीं खड़े-खड़े ही राज करूँगा।" फिर यह सोचकर कि मुझे कुछ नया करना चाहिए उसने कहा-

गधा नियम!!

सब जानवरों ने हैरानी से एक-दूसरे की ओर देखा।

"हाँ हाँ गधा-नियम" भोंदू हँसकर बोला, अब उसे इस मनमानी में मज़ा आ रहा था-

- पहला नियम तो यही होगा कि आज से सभी जानवर खड़े रहेंगे।
- दूसरे, सभी जंगलवासी सिर्फ़ गर्दभ सुर में बोलेंगे।
- कोई जानवर शिकार नहीं करेगा। सभी हमारी तरह घास-पात खाएंगे।
- मुर्गा बाँग नहीं देगा। सभी जानवरों को जगाने का काम गधे करेगें।
- खूंखार जानवर जंगल के चारों ओर पहरा देंगे ताकि कोई मनुष्य गधों को बोझा ढोने के लिए शहर न ले जा पाए।"

इस तरह सारे **गधा** नियम लागू हो गए और सबने गर्दभ- गीत गाया।

लेकिन ज़ल्दी ही जंगलवासियों को महसूस हुआ कि **गधा** राज अधिक दिन तक झेलना मुश्किल।

मांसाहारी जानवर घास-पात तो खा नहीं सकते। उस पर जंगल में वनस्पतियाँ भी कम होने लगीं।

फल यह हुआ कि शाकाहारी जानवरों के लिए भी पेट भरना कठिन हो गया। जंगल का सारा संतुलन ही गड़बड़ हो गया।

सुरीली **कोयल** गर्दभ राग गा नहीं सकती थी। **मुर्गा** बाँग दिए बिना परेशान हो गया।

सबको मुर्गे की लम्बी बाँग से जागने की आदत थी इसलिए सबका सोना-जागना गड़बड़ हो गया।

शिकारियों को जैसे ही पता चला कि जानवर अब मांसाहारी नहीं रहे, वे बिना किसी भय के जंगल में प्रवेश करते और शिकार करके जानवरों को ले जाते।

सारे जंगल में त्राहि-त्राहि मच गयी।

साँप की दशा और भी खराब थी। न तो वह घास खा पाता था और न ही खड़ा रह पाता था।

सारे जंगलवासी परेशान हो गए।

एक दिन जब **गधा** राजा और उसके साथी, भरपेट घास पात, फल-फूल खाकर सो गए तो सारे जानवर एक जगह एकत्रित हुए- **शेर**, **चीता**, **हाथी**, **चमगादड़**, **साँप** , **नेवला**... सब एक साथ।

साँप मरे हुए स्वर में बोला-

"न भोजन न आराम
बस अब मेरी होने वाली है सबसे
राम राम!"

“पहले माँसाहारी जानवर माँस खाते थे और शाकाहारी घास-पात। कम से कम जंगल में संतुलन तो था,” सिर खुजलाते हुए उल्लू बोला।

पर इस समस्या का हल किसी के पास नहीं था।

अचानक एक नन्हा खरगोश उछलकर बोला, “भले ही शेर हमारा शिकार कर लेता है पर फिर भी मुझे लगता है कि शेर का राज ही सही था। आप चाहें तो समस्या का हल मैं बता सकता हूँ।”

सारे जानवर एक साथ चिल्लाए-

जल्दी बताओ!

जल्दी बताओ!

शेर ने भी पूछा-

क्या सचमुच तुम्हारे पास कोई उपाय है?

खरगोश हँसकर बोला-

"महाराज आपको याद होगा कि मेरे दादा के दादा के दादा के दादा के दादा के परदादा ने आपके दादा के दादा के दादा के परदादा को धोखे से कुएँ में गिरा दिया था... वही तरीका फिर से अपनाया जा सकता है।

फिर न रहेगा बाँस और न बजेगी बाँसुरी...
यानी न रहेगा गधा राजा और न बजेगा
हम सबका बाजा।"

खरगोश का उपाय सुनकर सारे जानवर
खुशी से उछल पड़े।

अलगे दिन सुबह-सुबह, सभी जानवर **शेर**, **चीता**, **भालू**, **भेड़िया**, **हाथी**, **घोड़ा**, **साँप**, **नेवला**, **तोता**, **मैना**, **कौवा**, **कोयल**, **उल्लू**, **चमगादड़**...पहुँच गए गधे राजा के पास।

सभी ने गधे राजा को नमस्कार किया।

गधा राजा खुश होकर बोला-

*"अरे! आज सुबह-सुबह गर्दभ **गान***
*और हमारा इतना **सम्मान!***
*बोलो-बोलो क्या है **काम?**"*

लोमड़ी ने आगे आकर कहा-

"**महाराज**, जंगल में एक दूसरा राजा आ गया है- **हूबहू आप जैसा**। कहता है कि मैं जंगल का राजा हूँ। आप ही बताइए महाराज... क्या एक जंगल में दो राजा हो सकते हैं?"

“*दूसरा राजा!* यह कैसे हो सकता है? मुझे तो खुद भगवान ने राजा बनाया है। चलो मैं खुद चल कर देखता हूँ,” गधा बोला और जानवरों के साथ उनके पीछे-पीछे चल पड़ा।

जानवरों के साथ वह एक गहरे कुएँ के पास पहुँचा।

लोमड़ी ने कहा-

“महाराज इसी कुएँ में है दूसरा राजा।”

गधे ने कुएँ में झाँका
और अपनी परछाई देखी।

“अरे सचमुच! यहाँ तो एक और राजा है,” गधे राजा ने सोचा और वह चिल्लाया-

तुम कौन हो?

कुएँ से गूँज कर उसकी आवाज वापस आयी **तुम कौन हो?**

गधा और जोर से चिल्लाया- "मैं यहाँ का राजा हूँ"

कुएँ से फिर वही आवाज़ आयी **मैं यहाँ का राजा हूँ।**

भोंदू चिल्लाया- "तू झूठा है"

फिर से आवाज गूँजी **तू झूठा है**

गधा गुस्से से चीखा- "तू फरेबी है"

कुएँ से आवाज़ आयी **तू फरेबी है!**

नन्हें खरगोश ने गधे को उकसाया-

“अरे महाराज ये आपका अपमान कर रहा है,”

अन्य सभी जानवरों ने भी खरगोश की *हाँ में हाँ मिलाई।*

गधा क्रोधित होकर बोला- “मैं तुझे नहीं छोड़ूँगा।”

कुएँ से वही आवाज वापस आई

गधा चीखा- “तेरी यह हिम्मत?”

आवाज फिर वापस आयी

मैं तुझे नहीं छोड़ूँगा।

तेरी यह हिम्मत?

अब तक गधे का पारा सातवें आसमान तक पहुँच चुका था.... क्रोधित गधा कुएँ में छलांग लगाने ही वाला था कि अचानक वह ठिठका, उसे भी वही कहानी याद आ गई।

गधे ने अपने चारों ओर खड़े हैरान जंगल वासियों को देखकर कहा, “यह गधा तो मुझसे कहीं अधिक बलवान है... आप सब यहीं रुकिए, मैं अपने मंत्रिमंडल के सभी साथियों को लेकर आता हूँ... हम सब मिलकर इसे छठी का दूध याद दिला देंगे।

गधे ने तुरंत पलटी मारी और लगाई दौड़... और... जब तक कि जंगलवासी कुछ समझ पाते, सारे गधे जंगल से ऐसे गायब हुए जैसे गधे के सिर से सींग !

मधु पंत

प्रतिष्ठित बाल साहित्यकार मधु पंत का जन्म 13 अगस्त 1944 को नैनीताल में हुआ। पिछले छः दशकों में उन्होंने बच्चों के लिए साहित्य, पाठ्यक्रम, फ़िल्म, रेडियो आदि के ज़रिए उल्लेखनीय काम किया है। बाल भवन के निदेशक के रूप में किए गये नवाचारों के लिए उन्हें याद किया जाता है। साहित्य लेखन के लिए हिन्दी अकादमी, दिल्ली का किशोर एवं बाल साहित्य सम्मान, फिल्म, 'विज्ञान क्या है' के लिए अंतरराष्ट्रीय एन.एच.के. पुरस्कार और बच्चों में वैज्ञानिक चेतना के प्रसार के लिए उन्हें भारत सरकार द्वारा सम्मानित किया जा चुका है।

E-mail : madhupant@hotmail.com, Website : www.madhupant.com